Couvertures supérieure et inférieure
manquantes

ALLOCUTION

DE MONSEIGNEUR L'ÉVÊQUE D'ORLÉANS,

PRONONCÉE DANS LA CATHÉDRALE DE SAINTE-CROIX

LE 7 MAI 1864

POUR LA BÉNÉDICTION DES EAUX.

PARIS,

CHARLES DOUNIOL, LIBRAIRE-ÉDITEUR,

29, Rue de Tournon, 29.

ORLÉANS,

| BLANCHARD, | Alphonse GATINEAU, |
| Rue Bannier. | Rue Jeanne-d'Arc. |

1864

ORLÉANS, IMPRIMERIE DE GEORGES JACOB, RUE BOURGOGNE, 320.

ALLOCUTION

DE MONSEIGNEUR L'ÉVÊQUE D'ORLÉANS,

POUR LA BÉNÉDICTION DES EAUX.

> « Initium vitæ hominis panis et aqua. »
> (*Eccli*, xxix, 28.)

« Le principe de la vie, pour l'homme, dit la sainte Écriture, c'est
« le pain et l'eau. »

Voilà pourquoi, Messieurs, vous faites aujourd'hui une grande
œuvre ; et voilà pourquoi aussi je suis heureux d'accepter l'invitation
qui m'est faite et de m'associer à vous.

La religion s'associe avec joie à la cité et à la patrie, à leurs travaux,
à leurs prospérités, à leurs fêtes. Elle bénit avec reconnaissance et
avec amour tout ce qui est noble et grand, tout ce qui est bon et utile
aux hommes. Et votre clergé, en ce jour, est charmé de se retrouver à vos côtés, comme vous l'y avez rencontré dans toutes les
phases glorieuses de votre histoire, où son cœur a toujours battu près
du vôtre.

Oui, je suis heureux d'inaugurer, pour ma part, ce nouvel ornement et ce nouveau bienfait dans votre ville, et d'appeler toutes les
bénédictions de Dieu sur ces belles eaux, qui vont porter la fraî-

cheur, la santé et la vie à travers nos rues et nos places publiques, et jusque dans les plus humbles demeures.

Et je me félicite aussi de prendre la parole pour rendre solennellement hommage à tous ceux qui ont concouru à l'accomplissement de ces beaux et grands travaux, ou qui en ce moment veulent bien apporter à cette cérémonie l'honneur et l'éclat de leur présence.

Mais d'abord, et avant tout, au nom de toute cette ville, au nom du présent et de l'avenir, je rends hommage au magistrat intelligent, actif, persévérant, dévoué (1), qui, à travers toutes les épreuves, a poursuivi et consommé cette entreprise bienfaisante et difficile.

Et aussi à tous ces nobles conseillers de la cité, qui l'ont aidé de leur crédit, de leur confiance, de leurs lumières, et généreusement soutenu jusqu'à la fin, à travers les difficultés inévitables de cette grande œuvre.

Et comme c'est ici un bienfait universel, je ne suis pas surpris de voir la cité tout entière s'associer à la fête et à nos actions de grâces, et j'aime à voir se presser dans cette enceinte les dignes représentants de toutes les grandes fonctions et de tous les grands services publics, de l'industrie, du commerce, de l'agriculture, et avec eux tous nos plus honorables concitoyens, parmi lesquels il m'est doux de compter tant d'amis, dont l'agréable commerce prête tant de charmes aux relations sociales, dans cette ville renommée à bon droit pour la gravité et l'urbanité de ses mœurs.

A leur tête, qu'il me soit permis de saluer le premier magistrat de ce département (2), qui nous montre chaque jour, au milieu des soins de l'administration la plus grave et la plus appliquée, qu'il y a en lui une âme et un cœur, une âme qui sent les grandes choses, un cœur capable de dévoûment et d'affection, une intelligence vive et aimable, qui ajoute au sérieux de la vie et du devoir accompli la grâce d'une bienveillante affabilité.

Je suis aussi particulièrement charmé de voir en cette grande assemblée nos magistrats vénérés, qui occupent si noblement dans cette ville les siéges élevés de la justice, et en distribuent à tous

(1) M. Vignat, maire de la ville d'Orléans.
(2) M. Dureau, préfet du département du Loiret.

le bienfait, pareils, pour emprunter un beau mot de Bossuet, à ces sources publiques, que Dieu a placées si haut pour en mieux répandre les salutaires influences.

Je serais ingrat aussi, si je ne disais pas avec quelle joie je découvre parmi vous les représentants de notre vaillante armée : leur place est bien ici, dans ces fêtes pacifiques de la cité, eux dont l'indomptable épée couvre la patrie, protége au dedans les arts de la paix et les bienfaits de l'administration publique, et permet à toutes les richesses et à toutes les forces vives du pays de se développer dans la sécurité et la confiance. — Ce sont les camarades de ces braves officiers de l'armée d'Afrique, qui ont étonné et enrichi cette vieille terre barbare, en faisant jaillir des puits artésiens dans le désert.

Et maintenant, Messieurs, que vous dirai-je de cette laborieuse et belle entreprise, que nous voyons enfin consommée, après tant d'études et de si longs et persévérants travaux?

Simplement, Messieurs, voici mes sentiments et ma pensée.

Dans le spectacle de ces eaux vivifiantes, amenées de si loin pour être si douces, si utiles, si salutaires, qu'ai-je vu d'abord? qu'est-ce qui m'a fait, dès l'origine, applaudir de toute mon âme à cette entreprise? Et qu'est-ce qui me charme aujourd'hui? J'ai vu là tout à la fois un grand bienfait de Dieu, une grande œuvre de l'homme, et le progrès du bien-être pour tous.

Le bienfait de Dieu! Je ne sais si dans toutes les œuvres les plus brillantes et les plus vives de la création matérielle, il est une seule créature, Messieurs, plus aimable, plus charmante, et en même temps plus utile et plus nécessaire que l'Eau.

C'est tout à la fois au besoin et au plaisir de la société humaine, comme à la vie et à l'ornement de la nature, qu'elle est destinée : il n'est pas un élément qui joue dans le monde et l'économie générale des choses un rôle plus grand, et plus gracieux.

Je me souviens d'avoir entendu, il n'y a pas longtemps, un homme d'état illustre, qui joint un noble cœur à un grand esprit, me dire, en me parlant des œuvres de Dieu et de sa Providence : « Il est

« évident, quand on étudie de près la création, que Dieu a voulu
« pourvoir à nos plaisirs en même temps qu'à nos besoins ; il a
« voulu, » — je cite son expression, — « nous plaire en même temps
« que nous satisfaire ; c'est le meilleur des pères, en même temps
« que le puissant Créateur des mondes. Il a des calculs qui forcent
« à l'adorer comme le Maître souverain, et il a des bontés qui le
« rendent aimable comme un Père. »

Voyez ici, Messieurs, comme ces belles paroles trouvent une juste et consolante application.

Je vous citais au commencement de cet entretien ces paroles :
« *Initium vitæ hominis panis et aqua* : le principe de la vie, pour
« l'homme, c'est l'Eau et le pain ! » Et l'Écriture ajoute ces autres paroles, dont je vous prie de remarquer aussi l'étonnante énergie :
« Je vous donnerai, dans ma miséricorde, et quelquefois aussi je vous
« enlèverai dans ma justice, *omne robur panis*, *et omne robur aquæ*,
« ce qui fait le soutien et la force de votre vie, toute la force du
« pain et toute la force de l'eau. »

Et quand Dieu reproche à un peuple ses ingratitudes, il dit :
« Est-ce que je n'ai pas toujours donné le pain au peuple qui me
« sert ? Est-ce que ses eaux ne lui ont pas toujours été fidèles ?
« *Panis datus est ei, aquæ ejus fideles sunt* (1). »

En effet, Messieurs, l'Eau, de même que le pain, c'est la vie ; si l'eau manque quelque part, c'est la mort !

Voyez cette pauvre Agar dans le désert avec son fils expirant : l'eau manquait ! Elle s'éloigna en disant : « Je ne veux pas voir
« mourir mon enfant ! » Et il serait mort, si l'ange du Seigneur ne fût venu, et entr'ouvrant la terre, n'eût fait jaillir du milieu des sables une eau vive qui sauva la mère et l'enfant.

Et quand le peuple de Dieu voyageait au désert, sa grande souffrance et son grand péril, quels furent-ils ? C'est qu'il manquait d'eau ! Et le grand bienfait de Moïse, — je rappelle simplement ici ces choses que vous savez comme moi, — ce fut de frapper le rocher, et d'en faire jaillir des eaux où le peuple put étancher sa soif.

Et ce ne sont pas seulement les âmes vulgaires qui succombent

(1) Isaï, XXXIII, xvi.

à ce tourment. Vous vous rappelez ce cri d'un chevalier breton à son compagnon d'armes blessé dans un combat contre les Anglais, et qui s'écriait : « J'ai soif! » — « Beaumanoir, bois ton sang! » Il en but et il mourut... Et David aussi, dans la fatigue de la fuite et des combats, s'écriait sous la torture de la soif : « Ah! qui pourrait me « donner de l'eau de la fontaine de Bethléem! *Si quis daret mihi* « *aquam de cisternâ Bethleem* (1)! »

Et Notre-Seigneur sur la croix a voulu ressentir ce tourment, et à sa dernière heure, il s'est écrié : « J'ai soif : *Sitio.* »

La vérité est, Messieurs, que la soif, comme la faim, c'est la mort. Il faut l'eau pour la vie de l'homme, comme pour la vie de la nature.

Là où elle n'est pas, dans la nature, c'est le désert, la stérilité, la mort. Là où elle jaillit et coule en ruisseaux bienfaisants, c'est ce qu'on nomme en langage poétique et gracieux l'Oasis, c'est-à-dire la fraîcheur, la verdure, le palmier et les dattes nourrissantes, l'ombrage hospitalier.

L'ombrage! la fontaine! Il y a ici une chose que vous me permettrez de vous faire remarquer ; c'est que Dieu, parmi tous les noms dont il s'appelle, aime à se donner ceux de ses plus aimables bienfaits. Ah! on ne songe pas assez à bénir Dieu des biens qu'on a, et surtout des maux qu'on n'a pas! Nous ne vivons pas sous les feux de la zône torride; mais dans nos climats tempérés eux-mêmes, quoi de plus doux, pour le voyageur fatigué du soleil, que de rencontrer tout à coup un ombrage! Eh bien! « Moi, dit le « Seigneur, je suis votre ombrage et votre protection contre la « chaleur du jour. *Umbraculum ab æstu* (2). » — Comment pourrais-je oublier ce mot touchant, moi qui, en ce moment, fuis le soleil à cause de mes yeux malades, et cherche l'ombre! — Quoi de plus doux encore qu'une source d'eau vive et fraîche dans une soif brûlante! Eh bien! « Je suis, moi, pour vous, dit encore le Sei-« gneur, une fontaine, une source vive : *Fons aquæ vitæ... apud te* « *est fons vitæ* (3). »

---

(1) I *Paralip.*, 11-17.
(2) Isaï., xxv, 4.
(3) Jerem., II, xiii. — Psal. XXXV, x.

Vous avez vu quelquefois, sous l'ardeur du soleil, les campagnes desséchées et brûlées. Tout languit et tout meurt. Mais qu'il tombe du ciel une pluie abondante ou la fraîche rosée du matin; que l'eau vienne, et soudain, sous cette vivifiante influence, l'on voit tout reverdir, tout refleurir.

Voilà comment l'eau est nécessaire à l'homme et à la nature.

Aussi, Messieurs, qui n'a admiré les qualités merveilleuses et si favorables à la santé de l'homme, que Dieu a données à cet élément des eaux?

Elles sont vives, limpides et fraîches; saines, purifiantes et fécondantes; elles sont même médicinales et guérissantes; et ici, rappelez-vous, Messieurs, toutes ces sources, glacées ou bouillantes, qui jaillissent du sol avec leurs vertus salutaires, avec les éléments divers qui les composent, et dont la science découvre, analyse et révèle les secrets.

Mais ce que j'admire encore dans ce grand bienfait de Dieu, dans cette merveille des eaux sur le globe, c'est l'abondance et la prodigalité avec laquelle Dieu les a partout répandues. De là naissent des harmonies et des beautés, qui font de cet élément une des plus riches parures de la terre.

D'où viennent-elles? Dieu, vous le savez, leur a préparé quatre grands réservoirs : les vastes bassins des mers, l'atmosphère que l'Écriture appelle le firmament; les glaciers au sommet des hautes montagnes; enfin les entrailles de la terre.

Or, voyez ici, Messieurs, que de phénomènes étonnants! Pénétrez dans les entrailles du globe, et voyez tous ces canaux, toutes ces artères, tout ce mouvement invisible des ondes souterraines. Fénelon, qui a étudié avec son profond et gracieux génie cette grande question des eaux, les représente circulant perpétuellement, par des veines mystérieuses, dans le globe, comme le sang circule dans le corps humain.

De là, elles arrivent à la surface, rafraîchissent les campagnes, désaltèrent les hommes, et abreuvent les bêtes des champs et les oiseaux du ciel. De tous côtés elles jaillissent et coulent. Tantôt on les voit s'échapper en flots bouillonnants, et tantôt sourdre doucement en pures et limpides fontaines. Dieu s'est plu à leur creuser sur le globe terrestre toutes sortes de lits et de bassins : ce sont nos ruisseaux, nos rivières, nos fleuves, nos lacs, nos grandes mers, nos orageux océans.

Elles coulent vives, rapides, transparentes; quelquefois bondissantes et écumeuses, en torrents, en cascades.

Légères, inconsistantes et mobiles; et toutefois si fortes et si puissantes, qu'elles portent sur les mers vos plus grands vaisseaux, et entraînent sur vos fleuves les masses les plus pesantes.

Terribles, et capables de tout renverser dans leur cours impétueux; et cependant si dociles, que l'homme les dompte, les gouverne et en fait ce qu'il veut. Vous les faites monter et descendre, remonter encore; puis jaillir; vous les pliez à tous les services de votre industrie; vous leur faites mouvoir vos puissantes machines. Ici elles battent vos blés, et ici elles tournent la meule pour les écraser. Là elles meuvent le piston dans vos pompes; elles foulent vos draps; elles scient vos bois; elles laminent vos métaux. Dans laquelle de vos industries ne les trouvez-vous pas? Et ne sont-ce pas elles encore qui, vapeur enflammée, donnent à vos vaisseaux, pour franchir l'Océan, des ailes plus rapides que les vents eux-mêmes, et emportent sur vos chemins de fer ces chars de feu qui dévorent l'espace et suppriment les distances?

C'est, Messieurs, que parmi tous les pouvoirs dont le Créateur vous a dotés, il vous en a donné un bien grand, l'empire des Eaux. Il n'a pas seulement dit : « Croissez et multipliez-vous; remplissez la terre « et vous l'assujettissez; » il a dit aussi : « Dominez sur les poissons « de la mer (1). » Et c'est pourquoi David s'écriait : « Vous avez établi « l'homme sur les ouvrages de vos mains, vous avez mis toutes « choses sous ses pieds, jusqu'aux monstres de la mer qui se pro- « mènent dans les sentiers de l'Océan (2). »

Voilà pourquoi vous faites de l'Eau un serviteur si docile.

Et voyez, Messieurs, avec quelle docilité elles vous obéissent en ce moment, venant de si loin, franchissant tous les obstacles, passant par dessus votre fleuve, pour se répandre partout où vous leur ordonnez de se verser.

(1) Gen. i, 8.
(2) Ps. viii, 7 et 9.

Elles sont si dociles que l'homme s'en joue, pour ainsi dire. Il joue avec l'eau comme il joue avec le feu. Vous aurez demain, pour votre fête de Jeanne d'Arc, un feu d'artifice; eh bien! on fait aussi des artifices d'eau. Seulement, les feux d'artifice ne durent guère, et après avoir brillé un instant, s'éteignent pour jamais dans les ténèbres; tandis que les artifices d'eau ne s'éteignent pas; et de là, pour emprunter encore à Bossuet un mot connu, « ces fontaines éter-
« nellement jaillissantes qui ne se taisent ni jour, ni nuit. »

Quelle richesse donc dans toutes ces eaux qui arrosent la terre, et, dans cet écoulement sans fin, quelle source de beauté et de grâce, en même temps que de vie et de fécondité pour la nature!

Qui de vous n'a admiré quelquefois soit les teintes si riches et si variées de la mer, soit les bords gracieux et pittoresques des lacs, soit le cours majestueux des grands fleuves, soit les rives verdoyantes des humbles rivières?

Qui de vous encore n'a remarqué souvent quel charme, quel mouvement, quelle vie l'eau donne à un paysage? Qui n'a éprouvé, dans un voyage, combien il est agréable de découvrir tout à coup un grand fleuve, ou dans une course de montagne, quel bonheur c'est pour le montagnard fatigué, ou pour le chasseur — qui mérite bien aussi, Messieurs, quelque rafraîchissement et quelque repos, — de rencontrer tout à coup une source, une eau jaillissante?

Mais ces eaux ainsi répandues, avec une richesse, une munificence divine, sur toute la surface du globe, voyez: les feux du soleil les aspirent et les font monter dans l'air; et là elles deviennent, comme l'air, transparentes, légères, azurées.

Et ces vapeurs, que les rayons du soleil élèvent ainsi dans l'atmosphère, non seulement elles la rafraîchissent, et y forment comme une tente entre le soleil et nous, *extendit nubes quasi tentorium* (1); mais encore elles revêtent l'horizon des plus belles teintes, et lui prodiguent ces formes élégantes et capricieuses des nuages, qui font au soleil levant ou couchant un lit de pourpre, d'or et d'azur, si splendide.

De là aussi ces nuages que les vents promènent de tous côtés sur

---

(1) Job, xxxvi, 29.

nos têtes, et qui tombent sur nos campagnes en douces et tièdes ondées, ou en pluie pressée, abondante : le *densissimus imber* de Virgile.

Ou bien encore : ces eaux, les nuages les déposent au sommet des Alpes ; là elles se solidifient à l'image des rochers granitiques sur lesquels elles s'arrêtent, pour devenir ces glaciers et ces neiges éternelles, réservoirs inépuisables de nos lacs et de nos grands fleuves, et qui font aux grandes montagnes ces diadèmes resplendissants qui les couronnent.

Qu'il soit permis, Messieurs, à un fils du Mont-Blanc de se souvenir ici que son pays donne en ce moment à la France, avec des populations saines, religieuses et vaillantes, les plus beaux glaciers et la plus sublime montagne de l'Europe.

De ces hauts sommets, reprenant, toujours sous l'action du soleil, la forme liquide, elles vont, rapides, précipitées, impétueuses et bondissantes, à travers les rochers et les vallées,

Saxosas inter decurrunt flumina valles,

former la Méditerranée et le grand Océan, sous les noms fameux du Danube, du Guadalquivir, du Rhône, du Rhin, de la Loire... Faut-il faire à Paris l'honneur et la grâce de nommer ici la Seine?

Ce qu'il faut admirer encore, Messieurs, dans cette abondance et cette richesse des eaux répandues sur le globe, c'est leur providentielle distribution. Elles arrosent et fécondent la terre, elles ne l'inondent pas. Et non seulement elles ne s'échappent point tumultueusement comme un déluge ; mais elles se versent, malgré d'apparents caprices, avec une régularité admirable et une mesure égale et toujours la même dans les mêmes lieux, et chaque partie de la terre ne reçoit périodiquement, comme l'a constaté la science, que sa portion d'eau accoutumée : C'est que « Dieu les a pesées et mesurées, dit Job ; il
« a prescrit une loi aux pluies, et marqué un chemin aux foudres et
« aux tempêtes (1). »

Ainsi mesurées et pesées, elles vont, par un mouvement per-

---

(1) Job, XXVIII, xxv.

pétuel et une circulation incessante, des entrailles du globe à la surface, de la surface dans l'air et sur les montagnes, d'où elles retombent en pluies ou en rosées sur la terre. Le flot pousse le flot, et coule jusqu'à l'Océan, et de l'Océan remonte dans le nuage, et du nuage redescend sur nos campagnes ; et ainsi toujours : car ces lois sont immuables : « Dieu a établi les eaux pour subsister éternel-
« lement ; il leur a prescrit ses ordres, et ces ordres s'exécutent à
« jamais (1). »

Tel est le grand langage des livres saints ; c'est ainsi, Messieurs, qu'au-dessus de ces lois si belles, ils placent le Législateur suprême, le Dieu tout-puissant, qui a donné aux choses leurs vertus et leurs lois, et qui les conserve par la même force qui a tout créé : « C'est lui
« qui a mis des digues à la mer, pour la tenir enfermée, lorsqu'elle
« s'échappe comme un enfant qui sort du sein de sa mère ; qui l'en-
« veloppe de nuages, comme on enveloppe un enfant de bandelettes ;
« et qui lui a donné des limites qu'elle ne franchit pas. Il lui a dit :
« Tu viendras jusqu'ici, mais pas plus loin ; là tu briseras l'orgueil
« de tes vagues (2)... Au bruit de sa voix les eaux s'amassent dans
« le ciel ; il élève les nuées des extrémités de la terre ; il fait suivre
« de la pluie les foudres et les éclairs, et il tire les vents du fond
« de ses trésors (3)... Lorsqu'il préparait les cieux, j'étais là, dit
« la Sagesse éternelle ; lorsqu'il environnait les abîmes de leurs bar-
« rières ; lorsqu'il enfermait la mer dans ses limites, et qu'il impo-
« sait une loi aux eaux... j'étais là, et je réglais avec lui toutes
« choses (4). » Et dès l'origine, au commencement de la création, l'Esprit de Dieu, dit Moïse, était porté sur les eaux. *Ferebatur Spiritus Dei super aquas* (5).

Mais ce qu'il y a ici de plus admirable, quand on va au fond des choses, et que l'on cherche à se rendre compte, avec la science, de la nature intime de cette Eau, qui produit tant de merveilleux phénomènes, c'est la simplicité des moyens avec lesquels Dieu a fait de

---

(1) Ps. CXLVIII, VI.
(2) Job, XXXVIII, VIII.
(3) Jér., X, XIII.
(4) Sag., VIII, XXVII.
(5) Gen., I, II.

si grandes choses ; c'est que deux simples éléments constituent l'eau, et que ces deux éléments si simples ont entre eux, par la force souveraine de la main créatrice, une si puissante affinité, que parmi tous ces changements d'état si extraordinaires, la décomposition des éléments primitifs ne se fait pas, et que dans toutes ces transformations si multiples et si variées, l'eau, sous forme de glaciers, de nuages, de vapeur, d'onde courante, garde tellement sa nature propre, qu'elle peut à tout instant, sans s'altérer, passer d'un état à un autre. Un simple changement de température suffit pour amener toutes ces étranges métamorphoses. Voilà comment la Sagesse éternelle, principalement avec l'Eau, s'est vraiment jouée dans cet univers, comme dit l'Écriture : *Ludens in orbe terrarum* (1).

Ah ! — pardonnez-moi, Messieurs, ce souvenir et cette réflexion, — les belles dames se plaignent quelquefois que l'eau n'a si saveur, ni couleur, ni odeur... Nous serions bien malheureux si tous nos fleuves étaient de l'eau de Cologne, et si dans l'air qui nous environne, nous ne respirions que de l'eau de rose ! Cela est bon pour un instant ; mais on ne vit pas là-dedans, et ceux qui y vivent trop y vivent mal. N'oublions pas d'ailleurs que l'eau, comme l'air, est sans cesse en contact avec le goût et l'odorat, et que nous sommes faits de telle sorte, qu'une sensation, même douce et agréable, devient insupportable, si elle est continue.

La vérité est, Messieurs, que quand on réfléchit à ce grand bienfait et à ce grand charme que Dieu a répandu avec l'Eau dans la nature, il faut s'écrier avec Pindare, au début d'un de ses plus beaux chants lyriques : « Ἄριστον μὲν ὕδωρ, le premier des éléments, c'est « l'Eau. »

Mais il y a mieux ici, et je connais un plus grand poète que Pindare : c'est le Prophète, quand, après avoir jeté un regard sur cette aimable et puissante créature que nous appelons l'Eau, remontant plus haut que le poète profane, jusqu'à l'Auteur de cette merveille, et prêtant aux eaux de la terre et du ciel un sentiment et une voix, il s'écriait tout à coup dans son enthousiasme : « Fontaines (2), louez le Sei-

---

(1) Prov., VIII, xxxi.
(2) Daniel, III.

« gneur ! Fleuves et rivières, louez le Seigneur ! Bénissez-le, pluie
« et rosée, neiges et glaces ; bénissez-le, grandes eaux des mers ! »

Certes je comprends le prophète, Messieurs ; et nous autres chrétiens, qui savons la raison et l'origine des choses, nous avons une âme pour entendre ce grand concert que la création tout entière chante au Créateur ; et dans cette harmonie universelle, qui de vous n'a discerné et ne s'est plu souvent à écouter la voix des eaux, depuis le ruisseau qui murmure, jusqu'au torrent écumeux qui gronde, et jusqu'à cette vaste mer, image de l'infini, qui tantôt semble dormir aux pieds de Dieu dans la quiétude immense de ses flots, et tantôt soulevée par ses orages fait monter jusqu'à lui sa grande voix ? « Les fleuves, dit le Psalmiste, ont élevé leurs flots ;
« ils ont élevé leur voix ; ils crient, ils chantent un hymne : *Ele-*
« *vaverunt flumina fluctus suos, elevaverunt flumina vocem suam...*
« *clamabunt, etenim hymnum dicent.* »

Je ne suis pas étonné, Messieurs, que le divin fondateur du Christianisme ait élevé un tel élément à une dignité surnaturelle, et en ait fait un moyen de grâce et de sanctification pour les hommes.

Il faut remarquer que les éléments essentiels du culte chrétien, ceux que Dieu a choisis directement pour symboles et pour instruments de sa mystérieuse action sur les âmes, ce n'est pas l'or et l'argent, métaux rares et que nous appelons précieux. Non, l'or et l'argent sont des ornements vulgaires, que l'homme fait bien d'apporter en hommage au Dieu de qui tout lui vient ; mais Dieu ne leur a pas fait l'honneur de les employer à ses augustes mystères. Il a choisi d'autres éléments : il a voulu que ce fût le pain et le vin, l'huile et l'eau, choses simples, bienfaisantes, et partout répandues, qui devinssent la matière de ces grands sacrements par lesquels sa grâce nous arrive ; que le pain et le vin servissent à la nutrition spirituelle, l'huile à l'apaisement et au soulagement des dernières douleurs, en même temps qu'à l'onction de nos âmes et à la consécration sacerdotale ; et que l'eau fût le signe et l'instrument de la purification baptismale, de la régénération chrétienne.

Mais laissons ces considérations qui nous entraîneraient trop loin.

Voilà donc, Messieurs, ce qu'est l'Eau dans la nature, et même, dans le monde surnaturel ; et voilà pourquoi il faut, avec le Prophète, bénir Dieu de cette merveilleuse création.

Mais je dis que nous, Orléanais, nous avons ici une particulière action de grâce à rendre à Dieu ; car notre pays a reçu, vous le savez, ce bienfait en abondance. Notre pays est riche en belles et bonnes eaux, et c'est ce qui en fait l'agrément et la fertilité ; c'est ce qui fait de l'Orléanais, Messieurs, comme de la Touraine, qui nous touche, le jardin de la France, et de plus son rempart.

Je ne vous parlerai pas ici de ces charmants cours d'eau que je rencontre de tous côtés dans mes courses pastorales, en parcourant mon diocèse : l'Aveyron et le Vernisson ; le Loing, l'Œuf et l'Essonne ; le Beuvron cher aux Solognots, la Louanne ; l'Ocre, le Trézée, le Fusain et le Bied si ravissant, et cette délicieuse rivière de Châteaurenard... dont le nom m'échappe.

Quelque désir que j'aie de nommer ici avec honneur la Beauce, je ne puis faire l'éloge de ses mares : les Beaucerons ne s'en offenseront pas ; mais enfin, Dieu y a pourvu, et si la Beauce n'a pas de fleuves et de sources jaillissantes, la rosée du ciel et la graisse de la terre ne lui manquent pas.

Cet hommage rendu en passant aux moissons de la Beauce, je suis toujours charmé, je l'avoue, quand je rencontre dans un village un cours d'eau, une rivière ; cela me réjouit pour ces braves gens, et je dis : « Bon, voilà pour arroser leurs champs et abreuver leurs troupeaux.
« Cela fera du bon lait, du bon beurre, du bon fromage ; car il
« faut de la bonne eau pour tout cela. » Et où l'eau n'entre-t-elle pas? J'ai été charmé, ce matin même, d'apprendre que dans le meilleur vin du monde, indépendamment de celle qu'on y met quelquefois à tort, il y a toujours naturellement et nécessairement de l'eau. Ce qui m'a rappelé, à propos de celle qu'on fait bien d'y mettre, ce beau mot de Platon : « Si le vin est trop fort, l'eau qu'on
« y mêle tempère sa chaleur, et l'indomptable Bacchus — c'est,
« Messieurs, Platon qui parle — est apprivoisé par ce sobre élé-
« ment. »

Il y a dans tout cela, Messieurs, pour l'homme qui regarde attentivement les choses, des harmonies touchantes, et pour moi, préoccupé de pensées plus hautes encore dans mes visites diocésaines, en traversant ces campagnes si bien arrosées, en voyant toute cette fertilité que les eaux donnent à la terre, je songe que moi aussi, je viens là pour apporter à ces bons habitants des villages une autre eau, une eau meilleure, la grâce de Dieu, qui donnerait à leurs âmes, pour le ciel, la fécondité que les eaux donnent à leurs champs ; et je demande à Dieu de la verser, par mes mains, abondante dans tous les cœurs.

Mais laissons ces rivières charmantes et sans nom, et toutes ces pensées. Le fleuve illustre, l'honneur, la beauté et la force de l'Orléanais, c'est la Loire, — et je serais doublement ingrat de l'oublier en ce jour ; car, pour moi, je la regarde et la vénère comme la mère de la rivière qui nous donne aujourd'hui ses eaux, — oui, notre belle et brave Loire, dont j'ai dit déjà, et dont j'aime à redire encore que c'est de tous nos fleuves le plus français.

Le Rhône est à moitié suisse, le Rhin à moitié allemand ; la Loire n'appartient qu'à la France.

Des hautes montagnes où elle prend sa source, elle s'élance du sud au nord ; puis tout à coup, près d'Orléans, elle se courbe, afin de s'éloigner plus lentement de nous, et comme pour embrasser la France tout entière ; et courant vers l'ouest à l'Océan, elle fait à la France une barrière qu'on ne franchit pas, car trois fois au moins, dans l'histoire, depuis Attila, les invasions barbares ou étrangères se sont arrêtées là ! Et demain encore, nous fêterons avec Jeanne d'Arc l'anniversaire d'une de ces immortelles délivrances.

Et en même temps que nous célébrons notre fleuve comme l'invincible boulevard de la France, comment ne pas redire aussi ses bords si riants, ce val si fertile, ces flots rapides ; rien de fangeux : des ondes saines sur des sables purs ; comme le caractère de ceux qui habitent ses bords, quelque chose de doux, de vif et de courageux. Voilà notre Loire.

Mais si la Loire n'appartient qu'à la France, le Loiret n'appartient qu'à nous. Ce fils mystérieux de la Loire ne prolonge pas au loin son cours, comme sa mère ; mais il en filtre les eaux, et vous avez bien fait de les choisir ; et il ne veut pas quitter, lui, nos campagnes orléanaises. Fleuve aimable, dont les bords sont si fleuris et si gracieusement habités, et dont les eaux sont si fraîches, si transparentes, et comme teintes du reflet verdoyant de nos prairies ; vrai fleuve orléanais, cher à Orléans, et qui naît à ses pieds, et qui va maintenant donner à la ville sa patrie, par quelqu'une de ses sources, ces belles eaux qu'un art savant distribuera dans toutes les rues et dans toutes les maisons de la cité.

Ainsi, Messieurs, Dieu avait donné à notre pays le bienfait des eaux avec abondance. Mais si notre pays en était riche, il faut bien reconnaître que notre ville ne l'était pas. Ce qu'on admire dans la plupart de nos grandes cités, ce que j'admirais surtout naguère à Rome, la ville du monde la plus riche en eaux, Orléans ne l'avait point. Ç'a donc été une grande œuvre, qu'il faut payer d'une juste reconnaissance, d'avoir essayé et d'avoir réussi à lui donner ce nouveau bienfait parmi tant d'autres dont Dieu l'a comblé, et cela au prix d'efforts, de labeurs, et d'épreuves, dont il ne faut pas s'étonner.

De telles œuvres, Messieurs, sont toujours éprouvées, parce qu'elles sont grandes, et que rien de grand ne s'accomplit ici-bas sans labeur ; parce qu'elles sont bienfaisantes, et que le bien, le vrai bien, ne se fait ici-bas qu'à travers les difficultés, les obstacles, les croix ; mais l'épreuve passe, et l'œuvre reste.

Je me complais, Messieurs, à la contemplation d'une telle œuvre, à la pensée de la grande amélioration que vous venez d'apporter dans la cité ; je vois là, dans ces eaux abondantes et salutaires, avec le charme et l'ornement de notre ville, la salubrité, l'aisance, la santé. Car elles ne vous manqueront pas, les eaux qu'on vous promet, et tout à l'heure elles vont jaillir à vos yeux, vives et triomphantes. A vous aussi, vos eaux seront fidèles, et vous n'aurez pas — que les timides se rassurent — la déception des eaux trompeuses dont parle l'Écriture : *Mendacium aquarum infidelium* (1). Elles iront, ces eaux vivifiantes, dans toutes nos demeures, et jusque dans les plus humbles ménages, pour tous les besoins publics et privés ; elles iront, dans vos grands et beaux hospices, à vos pauvres, à vos malades, à vos vieillards, à vos orphelins. Elles seront là, sous la main, dans le péril terrible des incendies. Qui donc, dans la cité, n'aura

(1) Jerem., XV.

pas sa part de ce bienfait ? Et ce qu'il y a ici de plus grand encore, c'est que vous n'aurez pas travaillé seulement pour toute une génération, mais encore pour les générations futures ; car une œuvre comme celle que nous inaugurons en ce jour vit longtemps, et longtemps, Messieurs, l'avenir vous bénira.

Nous la voyons donc aujourd'hui cette œuvre, si je puis ainsi dire, splendidement installée ; mais ce que nous ne voyons pas, ce qu'il ne faut pas oublier toutefois, ce qu'il est juste de rappeler avec reconnaissance, ce sont tout ces patients et obscurs labeurs qui nous l'ont préparée, toutes ces longues et mûres délibérations, toutes ces discussions délicates et nécessaires, tous ces calculs savants, toutes ces profondes prévoyances, tout ce qui n'éclate pas au grand jour, mais qui a coûté aux administrateurs de la cité une peine égale au bienfait dont nous jouissons, grâce à eux.

Et ici, Messieurs, ma pensée s'élève à une reconnaissance plus étendue encore que le bien spécial dont je célèbre la gloire en ce moment ; et puisque l'occasion se rencontre, permettez à mon cœur d'Évêque et d'Orléanais d'acquitter ma dette et la vôtre pour le dévoûment et les bienfaits de notre administration municipale, et je ne sais si jamais je pourrais le proclamer avec plus de justice.

J'ai toujours beaucoup admiré les labeurs patients de l'administration française. Les municipalités de nos grandes villes sont semblables aux intendances de nos armées : chaque soldat, sous sa tente, doit ses vivres, son repos, son gîte, aux intendants ; chaque habitant doit aux magistrats de la ville les approvisionnements, la tranquillité, le bon ordre ; et je connais une vieille famille municipale qui a pour devise : « *Requiescite, vigilo* : reposez-vous ; moi, je « veille ! » Et cependant l'intendant n'aura pas la gloire du général, le maire n'est pas célébré comme l'homme politique. Mais de quelle estime reconnaissante lui et ses collègues sont justement environnés ! Ce haut salaire de la considération publique, cette dignité du dévoûment au bien de ses concitoyens ont toujours paru si nobles, qu'on a, depuis des siècles, laissé les fonctions municipales entièrement gratuites. Et il y a dans mon pays plus de cent mille hommes voués à ces travaux obscurs et compliqués, pour rien ! C'est là un trait du caractère national et un signe de l'esprit chrétien. Ce caractère et cet esprit, j'en salue une dernière fois les dignes représentants dans cette ville, qui leur doit, à partir de ce jour, un bienfait de plus.

Et maintenant que je vous ai dit mes impressions sur ce grand sujet, permettez-moi, Messieurs, de ne pas descendre de cette chaire, sans laisser tomber de mes lèvres le dernier mot et la dernière pensée de mon cœur.

Sans doute, ces eaux, telles que Dieu les a faites, telles que l'homme les emploie, sont pour nous un grand bienfait; mais il y a un plus grand bienfait de Dieu, une eau meilleure encore.

L'Évangile raconte que Notre-Seigneur, un jour, fatigué d'une longue marche, se reposait sur le bord d'une fontaine, près d'une ville infidèle. Une femme vint puiser de l'eau. Le Seigneur lui dit : « Donnez-moi à boire. » C'était la sixième heure du jour, et le soleil était brûlant. Puis, tout à coup, s'adressant à cette âme et s'élevant à des pensées plus hautes : « Ah! dit-il, si vous connais-
« siez le don de Dieu, et quel est celui qui vous dit : Donnez-moi
« à boire ! vous lui auriez demandé vous-même à boire, et il
« vous aurait donné d'une eau qui rejaillit jusqu'à la vie éternelle.
« Celui qui boira de l'eau à cette fontaine aura encore soif; mais
« celui qui boira l'eau que je donne n'aura plus soif jamais. »

Eh bien ! Messieurs, et vous tous, mes très-chers Frères, laissez-moi déposer en ce moment dans votre cœur, pour le jour et l'heure de la miséricorde de Dieu, cette parole : Il y a une eau meilleure, une source de vie plus heureuse, dont votre âme a plus besoin, dont votre cœur est plus altéré que vos lèvres ne le sont de ces eaux terrestres. Il y a une eau qui rejaillit jusqu'à la vie éternelle, parce qu'elle descend pour nous des hauteurs de Dieu, que sa source est dans l'éternité, et qu'elle y ramène. Eh bien ! désirez, demandez quelques gouttes de cette eau céleste, et qu'il ne soit pas dit que ce jour s'achève, sans que vos âmes aient senti quelque chose de cette rosée de Dieu, sans qu'un rayon de l'éternelle lumière tombé dans vos cœurs vous ait éclairés sur les plus profonds et les plus nobles besoins de votre immortelle nature; car ces eaux dont vous dotez aujourd'hui la cité, quand vous en aurez bu, vous aurez encore soif; mais les eaux que Jésus-Christ vous donnera, quand vous les aurez reçues dans votre âme, vous n'aurez plus soif jamais...

BIBLIOTHEQUE NATIONALE DE FRANCE
***
CHATEAU DE SABLE

1994

www.ingramcontent.com/pod-product-compliance
Lightning Source LLC
Chambersburg PA
CBHW070530050426
42451CB00013B/2934